초등 수(秀)
한자 1000
상편

# 초등 수(秀) 한자 1000 갑 편

| | |
|---|---|
| 발행일 | 2024년 11월 13일 |

| | | | |
|---|---|---|---|
| 지은이 | 최동석 | | |
| 펴낸이 | 손형국 | | |
| 펴낸곳 | (주)북랩 | | |
| 편집인 | 선일영 | 편집 | 김은수, 배진용, 김현아, 김다빈, 김부경 |
| 디자인 | 이현수, 김민하, 임진형, 안유경 | 제작 | 박기성, 구성우, 이창영, 배상진 |
| 마케팅 | 김회란, 박진관 | | |
| 출판등록 | 2004. 12. 1(제2012-000051호) | | |
| 주소 | 서울특별시 금천구 가산디지털 1로 168, 우림라이온스밸리 B동 B111호, B113~115호 | | |
| 홈페이지 | www.book.co.kr | | |
| 전화번호 | (02)2026-5777 | 팩스 | (02)3159-9637 |

| | | |
|---|---|---|
| ISBN | 979-11-7224-377-7 64710 (종이책) | 979-11-7224-378-4 65710 (전자책) |
| | 979-11-7224-393-7 64710 (세트) | |

**(주)북랩** 성공출판의 파트너

북랩 홈페이지와 패밀리 사이트에서 다양한 출판 솔루션을 만나 보세요!

**홈페이지** book.co.kr • **블로그** blog.naver.com/essaybook • **출판문의** text@book.co.kr

**작가 연락처 문의 ▸ ask.book.co.kr**

작가 연락처는 개인정보이므로 북랩에서 알려드릴 수 없습니다.

어휘력과 문해력을 동시에 잡는 기적의 한자 학습법

# 초등 수秀
# 한자 1000
## 갑 편

최동석 지음

북랩

이 책은 초등학교 고학년을 위한 책입니다. 이 시기는 학교 공부와 성적에 대한 압박이 덜한 시기이고, 따라서 국어의 기반이 되는 한자를 익히기 좋은 때입니다. 국어의 문해력은 일단 정확한 어휘력이 뒷받침이 되어 줘야 하고, 또 그러기 위해선 한자를 익히는 것이 필요합니다. 왜냐하면 국어의 어휘의 70퍼센트 이상이 한자어이기 때문입니다.

널리 읽히는 '삼국지'만 하더라도 한자를 모르면 정확한 책을 읽기가 어렵습니다. 이는 우리나라가 한자문화권이기 때문입니다. 결코 한자 학습을 등한시해서는 차원 높은 국어 생활이 되지 않습니다.

한 가지 들었던 의문은, 영어 단어를 학습할 때는 철자를 익힌 후 예문을 통해서 확인하는 것이 효과적이라고 합니다. 그런데 왜 한자는 그런 방식을 따르지 않을까요? 즉, 한자를 익힌 후 한자어가 포함된 우리말 예문을 통해 확인을 하면 그 한자와 한자어에 대한 활용 능력이 더욱 배가될 것입니다. 정작 한자를 외워 놓고 이를 활용하지 못한다면 그 의미가 반감되지 않을까요?

시중에 초등생을 위한 한자 교재가 많이 있습니다. 그런데 어떤 이유에서 인지 아주 기초적인 한자만을 해설해 놓고, 진정 정확한 문해력에 도움이 되는 수준이 조금 높은 한자는 수록하지 않는 경우가 많습니다. 이 책은 초등 교과 과정을 기반으로 꼭 필요한 1,000자를 선정해 갑, 을, 병, 정 편으로 나누어 우리말 예문과 함께 수록하였습니다.

사자성어 중에 '愚公移山(우공이산)'이라는 말을 좋아합니다. 어리석은 노인이 산을 옮긴다는 의미로 결국 꾸준함이 큰일을 이룬다는 의미입니다.

비록 1,000개라는 한자를 익히는 여정이 짧지 않겠으나, 이러한 '우공이산'의 마음가짐으로 익힌다면 향후 상급 학교에 진학해서도 교과 학습과 그 밖의 독서 생활에 큰 밑거름이 될 것입니다.

부디 이 책을 십분 활용하여 탄탄한 어휘력을 쌓아서, 이를 기반으로 더 나은 국어 생활을 누리시기를 기원합니다.

2024년 10월

최동석

# 차례

| 38 | 11일 | 官 벼슬 관<br>鑛 쇳돌 광 | 關 빗장 관, 관계할 관<br>校 학교 교 | 光 빛 광 |
|---|---|---|---|---|
| 40 | 12일 | 橋 다리 교<br>救 구원할 구 | 究 연구할 구<br>具 갖출 구 | 句 글귀 구 |
| 42 | 13일 | 構 얽을 구<br>群 무리 군 | 局 판 국<br>屈 굽힐 굴 | 君 임금 금 |
| 44 | 14일 | 宮 집 궁<br>歸 돌아갈 귀 | 卷 책 권<br>均 고를 균 | 權 권세 권 |
| 46 | 15일 | 近 가까울 근<br>禁 금할 금 | 筋 힘줄 근<br>急 급할 급 | 今 이제 금 |
| 48 | 16일 | 己 몸 기<br>氣 기운 기 | 記 기록할 기<br>寄 부칠 기 | 技 재주 기 |
| 50 | 17일 | 期 기약할 기<br>難 어려울 난 | 機 틀 기<br>南 남녘 남 | 吉 길할 길 |
| 52 | 18일 | 內 안 내<br>農 농사 농 | 年 해 년<br>多 많을 다 | 努 힘쓸 노 |
| 54 | 19일 | 單 홑 단<br>斷 끊을 단 | 端 끝 단, 실마리 단<br>斷 끊을 단 | 壇 단 단 |
| 56 | 20일 | 答 대답할 답<br>待 기다릴 대 | 當 마땅할 당, 당할 당<br>隊 떼 대 | 大 큰 대 |
| 58 | 21일 | 德 큰 덕<br>盜 도적 도 | 度 법도 도, 헤아릴 탁<br>道 길 도, 도리 도 | 徒 무리 도, 걸어 다닐 도 |
| 60 | 22일 | 圖 그림 도<br>冬 겨울 동 | 毒 독 독<br>洞 골 동, 통할 통 | 獨 홀로 독 |
| 62 | 23일 | 東 동녘 동<br>得 얻을 득 | 童 아이 동<br>登 오를 등 | 豆 콩 두 |
| 64 | 24일 | 羅 벌일 라, 비단 라<br>朗 밝을 랑 | 樂 즐길 락, 풍류 악, 좋아할 요<br>冷 찰 랭 | 亂 어지러울 란 |

# 筆順(필순) 익히기

이 장에서는 필순(한자를 쓰는 순서)을 익힙니다.
충분히 연습하여 예쁘고 자연스럽게 한자를 쓸 수 있도록 합시다.

校
학교 교

教
가르칠 교

九
아홉 구

國
나라 국

軍
군사 군

金
쇠 금

**南** 남녘 **남**

一 十 十 内 内 内 南 南 南

**女** 여자 **녀**

く 女 女

**年** 해 **년**

ノ ト 스 스 乒 年

**大** 큰 **대**

一 ナ 大

**東** 동녘 **동**

一 厂 行 行 百 車 東 東

**六** 여섯 **육**

、 亠 六 六

**萬** 일만 **만**

、 十 廿 卅 芍 芍 芦 芦 苗 苗 萬 萬 萬 萬

母
어미 **모**
乚 乃 母 母 母

木
나무 **목**
一 十 才 木

門
문 **문**
丨 冂 冂 戶 戶 門 門 門

民
백성 **민**
フ ㄱ 尸 尸 民

白
흰 **백**
ノ 亻 白 白 白

父
아비 **부**
ノ 八 分 父

北
북녘 **북**
一 十 十 北 北

四
넉 사

山
뫼 산

三
석 삼

生
날 생

西
서녘 서

先
먼저 선

小
작을 소

水
물**수**

室
집**실**

十
열**십**

五
다섯**오**

王
임금**왕**

外
바깥**외**

月
달**월**

| | | | | | | | | |
|---|---|---|---|---|---|---|---|---|
| 二 두 **이** | 一 | 二 | | | | | | |
| 人 사람 인 | 丿 | 人 | | | | | | |
| 一 한 **일** | 一 | | | | | | | |
| 日 날 **일** | 丨 | 冂 | 月 | 日 | | | | |
| 長 길 **장** | 丨 | 𠂆 | F | F | 𠀐 | 镸 | 镸 | 長 |
| 弟 아우 **제** | 丶 | 丷 | 𰀁 | 彐 | 弔 | 弟 | 弟 | |
| 中 가운데 **중** | 丨 | 口 | 口 | 中 | | | | |
| 靑 푸를 **청** | 一 | 十 | 丰 | 主 | 青 | 靑 | 靑 | 靑 |

寸
마디 **촌**

七
일곱 **칠**

土
흙 **토**

八
여덟 **팔**

學
배울 **학**

韓
나라 **한**

兄
형 **형**

**1일**

---

**可**
옳을 가

口/5
**可決**(가결) (회의에서) 제출된 의안을 좋다고 인정하여 결정하는 것.
**可能**(가능) 할 수 있거나 될 수 있음.

**加**
더할 가

力/5
**加減**(가감) 더하기와 빼기.
**加工**(가공) 원료나 재료에 기술과 힘을 들여 새로운 물건을 만드는 것.

**家**
집 가

宀/10
**家系**(가계) 집안 살림살이.
**家寶**(가보) 대대로 이어 내려오는 한 집안의 보물.

**暇**
겨를 가

日/13
**閑暇**(한가) 하는 일이 없어 바쁘지 않고 편안함.
**休暇**(휴가) 직장에서 일정한 기간 동안 일하지 않고 쉬는 것.

**各**
각각 각

口/6
**各各**(각각) 저마다 따로. 하나씩.
**各別**(각별) 서로 특별히 친함.

---

우리가 내놓은 안이 반대 없이 **可決**되었다.

통화 **可能** 지역.

그의 의견을 **加減** 없이 받아들였다.

보석 **加工** 기술.

아버지는 소작농으로 **家系**를 꾸려 나갔다.

**家寶**로 내려오던 도자기를 감정을 받아 보았다.

**閑暇**한 시간을 틈타 고향에 다녀왔다.

주말에 아버지께서 **休暇**를 내셔서 동해에 다녀왔습니다.

어머니는 두 개의 도시락 가방에 컵을 **各各** 넣으셨다.

나와 민우는 **各別**한 사이다.

**刻**
새길 각

刀/8
**刻苦**(각고) 고생을 견디면서 몹시 애를 쓰는 것.
**刻印**(각인) 도장을 새김.

**干**
방패 간

干/3
**干涉**(간섭) 자기와 직접 관계가 없는 일에 끼어들어 성가시게 구는 것.
**干與**(간여) 어떤 일에 끼어들어 관계하거나 간섭하는 것.

**間**
사이 간

門/12
**間隔**(간격) (멀지 않게 서로 떨어져 있는) 사람이나 사물 사이의 거리.
**間食**(간식) 끼니와 끼니 사이에 간단히 먹는 음식.

**甘**
달 감

甘/5
**甘味**(감미) 느낌과 기분이 아주 좋음.
**甘受**(감수) 어쩔 수 없이 받아들임.

**感**
느낄 감

心/13
**感覺**(감각) 보고, 듣고, 냄새 맡고, 맛보고, 느끼는 다섯 가지 능력.
**感激**(감격) 깊고 세게 감동하는 것.

刻苦의 노력 끝에 마침내 큰 성과를 거두었다.

그는 한글만 刻印한다고 한다.

남의 일에 干涉하지 마세요.

그 누구도 나의 삶에 干與할 수 없다.

씨앗과 씨앗의 間隔은 묘목이 자라는 데 지장이 없는

정도가 적당하다.

나는 間食으로 바나나를 주로 먹는다.

어디선가 들리는 甘味로운 선율.

독립운동가들은 조국의 해방을 위해 고통을 甘受하였다.

추워서 발에 아무런 感覺도 없다.

지훈은 친구들의 우정에 感激하여 아무 말도 못 했다.

**監**

볼 감

血/14

**監督**(감독) 여럿이 조직적으로 하는 일을 잘못이 없도록 살피고
단속하는 것, 또는 그런 일을 하는 사람.

**監視**(감시) 사람이나 상황을 통제하기 위하여 주의하여 지켜보는 것.

**江**

강 강

水/6

**江山**(강산) 강과 산. 자연환경.

**江南**(강남) 강의 남쪽 먼 곳. 원래는 중국의 양쯔강 남쪽을 뜻하는 말.

**康**

편안할 강

广/11

**康健**(강건) 기력이 탈이 없고 튼튼함.

**康寧**(강녕) 몸이 건강하고 마음이 편안함.

**講**

욀 강

言/17

**講堂**(강당) (주로 학교에서) 강연이나 공연을 하기 위해 많은 사람
들이 앉을 수 있는 자리가 있는 건물이나 큰 방.

**講論**(강론) 학문이나 종교에 관한 주제를 설명하고 토론하는 것.

**個**

낱 개

人/10

**個人**(개인) 국가, 사회, 조직이나 단체를 구성하고 있는 낱낱의 사람.

**個別**(개별) 따로따로인 것. 하나씩 떨어진 것.

🔊 시험 監督.

🔊 북한 주민들은 집단 농장에서 監視를 받으며 일한다.

🔊 10년이면 江山도 변한다.

🔊 봄이 되면 江南 갔던 제비가 돌아온다.

🔊 연세가 팔십이 되시어도 아직 康健하시다.

🔊 어머님은 康寧히 잘 계시는가?

🔊 내일 저녁에 講堂에서 록 밴드 공연이 있을 예정이다.

🔊 민주주의 사회에서는 個人의 자유가 가장 소중하다.

🔊 오늘 신부님의 講論 시간에 나는 많은 것을 느꼈다.

🔊 個別 행동.

**4일**

---

**客**
손 객

宀/9
**客席**(객석) 극장이나 경기장 등에서 구경하는 손님이 앉는 자리.
**客室**(객실) 기차나 배에 손님이 타는 칸이나 방.

**去**
갈 거, 버릴 거

厶/5
**去來**(거래) 이익을 얻으려고 물건을 서로 주고받거나 사고파는 일.
**去勢**(거세) 어떤 세력이나 대상 따위를 없앰.

**拒**
막을 거

扌/8
**拒否**(거부) 허락, 인정, 찬성을 하지 않는 것.
**拒絕**(거절) 요구, 의견, 물건 등을 받아들이지 않고 물리치는 것.

**車**
수레 거, 차

車/7
**車馬**(거마) 수레와 말을 아울러 이르는 말.
**車輛**(차량) 여러 가지의 차.

**擧**
들 거, 일으킬 거

手/18
**擧事**(거사) 반란이나 혁명 같은, 사회적으로 큰일을 일으키는 것.
**擧手**(거수) 회의에서 찬성이나 반대의 의사를 표시하기 위하여 손을 위로 드는 것.

---

가수의 공연이 끝나고 **客席**에서 우레와 같은 박수가 터져 나왔다.

**客室**이 따뜻하여 나도 모르게 잠이 들었다.

여러 나라는 무역을 통하여 필요한 물건을 **去來**한다.

그는 반란군의 **去勢** 모의에 가담한 것이다.

몇몇 지방에서는 시청료 납부 **拒否** 운동까지 일어났다.

왜 나는 데이트 신청 때마다 **拒絶**을 당하지?

예전엔 **車馬**가 주요 교통수단이었다.

주차장에 주차된 **車輛**이 별로 없다.

남은 부하들은 장터에 남아 **擧事**를 감행했다.

**擧手**로 표결하다.

# 建
세울 **건**

廴/9
**建物**(건물) 사람이 안에서 살거나 일을 하기 위해 지은 집.
**建設**(건설) 건물이나 시설 등을 짓거나 만들어 세우는 것.

# 傑
뛰어날 **걸**

人/12
**傑作**(걸작) 매우 뛰어난 예술 작품.
**豪傑**(호걸) 힘과 지혜와 용기가 뛰어나 여러 사람의 우두머리가
　　　　되는 사람.

# 檢
검사할 **검**

木/17
**檢査**(검사) 무엇의 옳고 그름, 좋고 나쁨 등을 조사하여 알아내는 것.
**檢索**(검색) (범인을 잡거나 범죄를 예방하기 위해) 수상한 사람이나
　　　　물건을 자세히 조사하고 뒤져 보는 것.

# 激
격할 **격**

水/16
**激突**(격돌) 서로 대적하는 사람들이 갑자기 세차게 맞부딪치는 것.
**激動**(격동) (사회의 상황이) 매우 빠르고 심하게 변함.

# 犬
개 **견**

犬/4
**犬公**(견공) 개를 의인화하여 높여 이르는 말.
**愛犬**(애견) 개를 귀여워하는 것, 또는 귀여워하는 개.

콘크리트 建物을 신축하다.

공장 建設.

당시 작품 중 傑作만을 모아 전시회를 열었다.

수호지에는 많은 豪傑들이 등장한다.

체력 檢査.

테러 위험으로 공항의 보안 檢索이 강화되었다.

대학생 형들은 시위 중 경찰과 심한 激突이 있었다.

우리는 激動하는 사회에서 살고 있다.

그 집에서는 犬公이 상전이다.

오랫동안 함께하던 愛犬을 떠나보내는 마음은 겪어 본

사람만이 알 수 있다.

**堅**
굳을 견

土/11
**堅固**(견고) 단단하고 튼튼함.
**堅實**(견실) 생각이나 태도 따위가 믿음직스럽게 굳고 착실함.

**缺**
이지러질 결

缶/10
**缺席**(결석) 학교나 모임에 출석하지 않는 것.
**缺食**(결식) 끼니를 거르는 것.

**潔**
깨끗할 결

水/15
**潔白**(결백) 잘못이나 죄를 저지른 것이 없는 것.
**潔癖**(결벽) 더럽다고 생각되는 것을 지나치게 두려워함.

**景**
볕 경

日/12
**景觀**(경관) 바라다보이는 사물들의 전체의 모습.
**景氣**(경기) (호황, 불황처럼) 매매나 거래에 나타난 경제 활동의 상황.

**傾**
기울 경

人/13
**傾斜**(경사) 산이나 언덕의 비스듬히 기울어진 부분, 또는 기울어진 모양이나 정도.
**傾聽**(경청) 남의 말을 주의하여 듣는 것.

우리 회사는 더 세련되고 堅固한 물건을 만들기 위해 노력한다.

생각이 堅實한 청년.

나는 초등학교에 다닐 때 缺席을 한 번도 하지 않았다.

성장기에 缺食을 하면 영양 상태에 문제가 생긴다.

제발 저의 潔白을 믿어 주십시오.

내 남자친구는 潔癖이 심하다.

그 길은 비포장도로였으나 주위의 景觀이 볼만했다.

요즘 들어 부동산 景氣가 부쩍 활기를 띠고 있다.

동해안 쪽은 傾斜가 급하다.

그는 고개까지 끄덕여 가며 연설을 傾聽하고 있었다.

**輕**
가벼울 경

車/14
**輕減**(경감) 부담이나 고통 따위를 덜어서 가볍게 함.
**輕視**(경시) 중요한 것을 대수롭지 않게 여기는 것.

**鏡**
거울 경

金/19
**鏡臺**(경대) 거울이 달린 화장대.
**眼鏡**(안경) 시력이 나쁜 눈을 잘 보이게 하기 위하여 눈에 쓰는 물건.

**警**
경계할 경

言/20
**警戒**(경계) 잘못된 일이 생기지 않도록 주의하고 조심하는 것.
**驚異**(경이) 놀랍고 신기하게 여기는 것.

**競**
다툴 경

立/20
**競演**(경연) (음악, 연극, 무용 등에서) 여럿이 서로 재주를 겨루는 일.
**競爭**(경쟁) 서로 이기거나 앞서려고 다투거나 싸우는 것.

**係**
맬 계

人/9
**係長**(계장) (관청이나 회사 등에서) 어떤 계를 감독하는 직책.
**關係**(관계) (무엇과 무엇이) 서로 일정한 영향을 주고받도록 되어
있는 것.

도시 노동자의 생활비 輕減을 위한 농산물 저가 정책을 실시한다.

생명 輕視.

그녀는 하루 종일 鏡臺 앞에 앉아 치장하고 있다.

그녀는 알이 없는 眼鏡을 썼다.

잠시 뒤에 공습경보는 警戒경보로 바뀌었다.

북한 곡예단의 곡예는 驚異에 가까운 것이었다.

음악 競演 대회.

우리가 살아가는 데는 선의의 競爭도 필요합니다.

그 관청의 係長은 나이가 마흔이 넘은 사람이었다.

날씨는 우리 생활과 밀접한 關係가 있습니다.

季
계절 계

子/8

季刊(계간) 계절에 따라 한 해에 네 번씩 책 등을 발행하는 일.

季節(계절) 기후에 따라 일 년을 넷으로 나눈, 봄, 여름, 가을, 겨울의 철.

計
셀 계

言/9

計量(계량) 일정한 도구를 써서 양이나 무게 등을 재는 것.

計算(계산) 수를 셈하는 것.

鷄
닭 계

鳥/21

鷄卵(계란) 닭의 알. 달걀.

鷄肋(계륵) 닭의 갈비라는 뜻으로, 그다지 큰 소용은 없으나 버리기에는 아까운 것을 이르는 말.

考
생각할 고

老/6

考慮(고려) 관련된 여러 가지 사정을 자세히 따져서 생각하는 것.

考案(고안) 연구를 하여 새로운 물건이나 방법을 생각해 내는 것.

苦
쓸 고

艹/9

苦悶(고민) 걱정거리가 있어 괴로워하고 답답해하는 것.

苦杯(고배) 실패 때문에 겪은 쓰라린 경험.

 학회지를 격월간에서 季刊으로 발행하기로 했다.

 가을은 독서의 季節이다.

 식품 計量에 앞서 해야 할 것은 무게로 달 것과 부피로

잴 것을 구분하는 일이다.

 計算이 다 끝난 사람은 연습 문제를 풀어 보세요.

 鷄卵으로 바위를 치다.

 버리기도, 취하기도 뭣한 이 물건은 鷄肋과 같다.

 제 입장도 좀 考慮해 주세요.

 장영실은 더욱 교묘한 장치를 考案하여 물시계도 만들었다.

 진로 문제에 대한 苦悶으로 밤잠을 설쳤다.

 오늘은 승리했지만 내일은 패배의 苦杯를 마실지도 모른다.

固
굳을 고

口/8

固守(고수) (원칙, 규범, 전통 등을) 굳게 지킴.

固體(고체) 일정한 굳은 모양과 부피를 가지고 있어서 만지고
볼 수 있는 물체.

孤
외로울 고

子/8

孤獨(고독) 혼자 있어서 외로운 것.

孤兒(고아) 부모가 없는 아이.

高
높을 고

高/10

高價(고가) 비싼 값.

高級(고급) 등급이나 품질이나 수준이 높음.

穀
곡식 곡

禾/15

穀物(곡물) 쌀, 보리, 밀, 콩과 같은 낟알.

穀食(곡식) 쌀, 보리, 밀, 콩과 같은 먹을거리.

骨
뼈 골

骨/10

骨格(골격) 동물의 몸을 떠받치는 뼈대.

骨盤(골반) 몸통의 아래쪽 부분을 이루는 뼈.

전통을 **固守**한다는 것은 매우 어려운 일이다.

물은 액체이고, 얼음은 **固體**이다.

아버지가 돌아가시자 어머니는 무척 **孤獨**해 보였다.

**孤兒**를 입양하여 기르다.

옛날 그림이 **高價**에 팔렸다.

**高級** 영어.

**穀物**을 재배하다.

들판에서는 **穀食**이 한창 익어 가고 있었다.

남자가 여자보다 **骨格**이 크고 근육이 발달하였다.

그녀는 유연하게 **骨盤**을 흔들며 춤을 추었다.

工
장인 공

工/3

**工業**(공업) 기계를 써서 재료를 가공하여 상품을 만들어 내는 일.
**工作**(공작) 기계나 공구로 물건을 만드는 것.

攻
칠 공

攴/7

**攻擊**(공격) (전쟁이나 운동 경기에서) 적군을 치거나 상대편을 이기기
　　　　위한 적극적인 행동.
**攻略**(공략) (전쟁이나 운동 경기에서) 상대에게 이기려고 꾀를 써서
　　　　공격하는 것.

公
공평할 공

八/4

**公共**(공공) 한 사회의 모든 사람의 이익에 관계되는 일.
**公平**(공평) (사회에서) 어느 한쪽에 손해나 이익이 치우치지 않는 것.

果
열매 과

木/8

**果實**(과실) 가꾸어 기르는 나무에서 나는, 사람이 먹을 수 있는 열매.
**結果**(결과) 어떤 원인 때문에 생긴 일.

科
과목 과

禾/9

**科目**(과목) 학교에서 가르칠 내용을 공부의 분야와 방법에 따라
　　　　일정하게 나눈 것.
**科學**(과학) 자연법칙이나 사회 현상의 체계적인 규칙을 알아내기
　　　　위해 연구하는 학문.

섬유 工業.

工作 재료.

이번 시합은 빠른 攻擊으로 승부를 내도록 하자.

온달산성은 온달이 신라를 攻略하기 위하여 쌓은 성이다.

公共 기관.

사람들은 모두 公平한 대우를 받고 싶어 한다.

마당에는 커다란 사과나무도 있었고 복숭아, 호두, 밤

등의 果實나무가 여기저기 서 있었다.

그림을 보면서 원인과 結果가 잘 드러나게 이야기를 써 보자.

말하기 科目.

科學의 발달은 인간 생활에 많은 도움을 주었다.

官
벼슬 관

宀/8

官吏(관리) 관직에 있는 사람.

官廳(관청) 국가의 사무를 보는 기관 또는 그런 곳.

關
빗장 관, 관계할 관

門/19

關係(관계) (무엇과 무엇이) 서로 일정한 영향을 주고받도록 되어
있는 것.

關稅(관세) 세관을 통과하여 들어오는 외국 상품에 매기는 세금.

光
빛 광

儿/6

光明(광명) 밝고 환한 것, 또는 그러한 한 빛.

光線(광선) 빛의 줄기.

鑛
쇳돌 광

金/23

鑛物(광물) 사람이 이용하기 위하여 파내거나 모으는, 땅과 물속에
섞여 있는 자연 상태의 물질.

鑛山(광산) 광물을 캐내는 곳.

校
학교 교

木/10

校長(교장) 초등학교나 중·고등학교에서 가장 높은 직위, 또는 그
직위에 있는 사람.

校庭(교정) 학교의 넓은 뜰이나 운동장.

◀) 미국 국무부 고위 **官吏**.

◀) 할아버지는 자손이 총독부고 면사무소고, 그저 **官廳**에

취직한 것만 대견해하셨다.

◀) 날씨는 우리 생활과 밀접한 **關係**가 있다.

◀) **關稅** 부과.

◀) 고통 속에 비치는 한 가닥 **光明**의 빛줄기.

◀) 태양 **光線**.

◀) 그 지역에는 사람에게 유용한 **鑛物**이 풍부하게 묻혀 있다.

◀) 형님은 이튿날부터 사무직원이 아닌 광부로서 **鑛山**에

다녔다.

◀) 그 학교의 **校長**은 부드럽고 인자한 분이었다.

◀) 수업 종료를 알리는 종이 세 번씩 **校庭**에 울려 퍼졌다.

**橋**
다리 교

木/16

橋脚(교각) 다리를 받치는 기둥.

橋梁(교량) 개울이나 강을 땅처럼 걸어서 또는 차가 달려서 건널 수
있게 만든 다리.

**究**
연구할 구

穴/7

窮究(궁구) 속속들이 파고들어 깊게 연구함.

研究(연구) 어떤 현상이나 학문의 주제를 자세히 살피고 따져서
이치나 사실을 밝혀내는 일.

**句**
글귀 구

口/5

句文(구문) 한문에서, 두 마디가 한 덩이씩 짝이 되게 지은 글.

句節(구절) 한 도막의 말이나 글.

**救**
구원할 구

攴/11

救國(구국) 나라를 위기에서 구하는 것.

救援(구원) 위험이나 어려움에 빠진 사람을 구해 주는 것.

**具**
갖출 구

八/8

具備(구비) 필요한 것을 두루 갖추는 것.

具象(구상) 사물, 특히 예술 작품 따위가 직접 경험하거나 지각할
수 있도록 일정한 형태와 성질을 갖춤.

🔊 橋脚을 세우다.

🔊 철도와 橋梁의 파괴로 수송에 혼란을 가져왔다.

🔊 사물의 이치를 窮究하다.

🔊 우리말 硏究.

🔊 句文은 모두 대구로 되어 있다.

🔊 이 시에서 가장 감동적인 句節을 찾아보자.

🔊 많은 청년들이 항일 救國 운동에 발 벗고 나섰다.

🔊 영철이는 救援을 청하는 듯한 눈빛으로 우리 쪽을 돌아
봤다.

🔊 도서관에는 수많은 책이 具備되어 있다.

🔊 그의 그림은 후기로 갈수록 具象적 요소가 사라져 추상적인
그림이 된다.

# 構
얽을 구

木/14

構圖(구도) 그림에서 모양, 색깔, 위치 따위의 짜임새.
構成(구성) 여러 사람이나 몇 가지 요소를 모아 하나의 전체를
이루는 일.

# 局
판 국

尸/7

局面(국면) 어느 한때에 일이 진행되어 가는 형편이나 상황.
局限(국한) (어떤 범위나 한계에) 들어 있거나 머물러 있음.

# 君
임금 금

口/7

君臨(군림) 어떤 분야에서 절대적인 세력을 가지고 남을 압도함.
夫君(부군) (높임말로) 남의 남편.

# 群
무리 군

羊/13

群島(군도) 한 무리를 이루고 있는 크고 작은 섬들.
群衆(군중) 한곳에 모인 많은 사람의 무리.

# 屈
굽힐 굴

尸/8

屈曲(굴곡) 긴 것이 여러 방향으로 굽거나 휜 것.
屈服(굴복) 남의 힘에 눌려서 자가의 주장이나 뜻을 굽히고 복종
하는 것.

◀)) 構圖를 잡다.

◀)) 인도 반도는 자연환경과 주민 構成, 종교가 다양한 곳이다.

◀)) 적십자 회담으로 남북 관계가 새로운 局面으로 접어들고 있다.

◀)) 옛날에 술을 빚는 것은 잔치 때에 局限되었다.

◀)) 학계에 제일인자로 君臨하다.

◀)) 夫君께서는 어떤 일을 하십니까?

◀)) 덕적도와 그 주변의 섬들을 일컬어 덕적 群島라 한다.

◀)) 역 광장에 수만 群衆이 모였다.

◀)) 평원에 흐르는 강은 대개 屈曲이 심하다.

◀)) 우리 민족은 일제의 탄압에 끝내 屈服하지 않았다.

## 宮
집 궁

**宀/10**

**宮闕**(궁궐) 임금이 사는 큰 집.

**宮女**(궁녀) (옛날에) 궁궐 안에서 왕과 왕비나 그 가족의 시중을 드는 여자.

## 卷
책 권

**卩/8**

**席卷**(석권) 크게 세력을 떨치며 일정한 영역을 모두 차지하는 것.

**壓卷**(압권) 여러 책이나 작품 가운데 제일 잘된 책이나 작품.

## 權
권세 권

**木/22**

**權力**(권력) 남을 복종시키거나 지배하는 데에 쓸 수 있는, 사회적인 권리와 힘.

**權勢**(권세) 아주 큰 권력.

## 歸
돌아갈 귀

**止/18**

**歸家**(귀가) 밖에서 일을 마치고 집에 돌아오는 것.

**歸國**(귀국) 외국에 있던 사람이 자기 나라로 돌아가거나 돌아오는 것.

## 均
고를 균

**土/7**

**均等**(균등) 여럿의 수량이나 상태가 서로 더 많거나 적지 않고, 고르거나 같은 것.

**均一**(균일) (여럿의 정도, 크기 등이) 모두 차이가 없이 같음.

서울에는 현재 네 개의 **宮闕**이 남아 있다.

**宮女**는 어려서 궁에 들어가면 죽어서야 궁 밖으로 나올 수 있었다고 한다.

칭기즈 칸은 중원 대륙을 **席卷**하여 원나라를 세웠다.

이 작품이 이번 신춘문예에 응모한 작품들 중 단연 **壓卷**으로 평가되었다.

대한민국의 모든 **權力**은 국민으로부터 나온다.

**權勢**가 등등한 세도가니까 그 저택이 또한 궁궐 같았다.

아버지께서 오늘따라 **歸家**가 늦으신다.

이모는 오랜 유학 생활을 끝내고 어제 **歸國**을 하였다.

민주 사회는 기회의 **均等**이 보장된 사회이다.

음식을 나이에 관계없이 **均一**하게 나누어 주었다.

## 近
가까울 근

辵/8
**近代**(근대) 역사의 시대 구분에서, 중세와 현대의 중간 시대.
**近來**(근래) 멀지 않은 과거에서 지금까지의 동안.

## 筋
힘줄 근

竹/12
**筋骨**(근골) 근육과 뼈대를 아울러 이르는 말.
**筋力**(근력) 일을 할 수 있는 몸의 힘.

## 今
이제 금

人/4
**今時**(금시) 바로 지금. 즉시.
**今方**(금방) 조금 뒤에 곧.

## 禁
금할 금

示/13
**禁忌**(금기) 해서는 안 될 일이나 피해야 할 것.
**禁煙**(금연) 담배 피우는 것을 금하거나 끊는 것.

## 急
급할 급

心/9
**急流**(급류) 빠르고 세게 흐르는 강물이나 냇물.
**急性**(급성) 병의 증세가 갑자기 나타나 빠르게 진행하는 성직.

近代 국가.

교육의 내용과 방법은 近來에 크게 달라졌다.

그가 버틸 수 있었던 것은 筋骨이 강건하기 때문이다.

할아버지께서는 아직도 筋力이 좋으시다.

형이 今時라도 웃으며 나타날 것 같았다.

나는 今方이라도 내려칠 듯이 망치를 치켜들었다.

禁忌 사항.

禁煙 지역.

그 나룻배는 急流에 휩쓸려 내려갔다.

急性 전염병.

**己**
몸 기

己/3
**自己**(자기) 그 사람 자신.
**知己**(지기) 오랫동안 서로 잘 알고 친하게 지내 온 친구.

**記**
기록할 기

言/10
**記錄**(기록) 생각이나 사실에 대하여 적은 것, 또는 그 글.
**記者**(기자) 신문사, 잡지사, 방송국에서 사람들에게 널리 알릴
　　　　　기사를 찾거나 얻어서 쓰거나 편집하는 사람.

**技**
재주 기

手/7
**技巧**(기교) 아주 뛰어난 솜씨나 기술.
**技術**(기술) 무엇을 잘 만들거나 잘 다루는 솜씨나 방법.

**氣**
기운 기

气/10
**氣運**(기운) 어떤 일이 벌어지려고 하는 분위기.
**氣候**(기후) 한 지역의 평균적인 날씨.

**寄**
부칠 기

宀/11
**寄稿**(기고) 신문, 잡지 등에 실릴 글의 원고를 써서 주는 것.
**寄附**(기부) 많은 사람에게 도움이 되는 일에 돈이나 재산 등을
　　　　　내어 주는 것.

정미는 동생이 自己를 따라다니는 것을 귀찮아했다.

10년 知己.

관찰 記錄.

그 記者의 기사는 예리하기로 정평이 나 있다.

지나친 技巧를 부린 글보다 좀 서툴러도 솔직하게 쓴 글이 낫다.

누나는 학원에서 빵 만드는 技術을 배웠다.

이번 사건은 한창 무르익던 화해의 氣運에 찬물을 끼얹는 것이나 다름없다.

열대 氣候.

신문사는 양측의 입장을 대변하는 두 전문가의 寄稿를 모두 실었다.

우리 학교에서는 학부모들의 寄附를 받아 바자회를 개최했다.

**期**
기약할 기

月/12

**期待**(기대) 어떤 일이 이루어지기를 바라고 기다리는 것, 또는
　　　　　이루어지리라고 믿는 마음.

**期約**(기약) 언제라고 때를 정하여 약속을 하는 것, 또는 그 약속.

**機**
틀 기

木/16

**機械**(기계) 동력을 써서 움직이거나 일을 하는 장치.

**機關**(기관) 화력, 수력, 전력 따위의 에너지를 동력으로 삼아 작동
　　　　　하는 기계 장치.

**吉**
길할 길

口/6

**吉夢**(길몽) 좋은 일이 생길 조짐이 보이는 꿈.

**吉日**(길일) (민속에서) 중요한 행사를 하기에 좋다고 판단되는 날.

**難**
어려울 난

隹/19

**難民**(난민) 전쟁이나 재해로 집이나 재산을 잃은 사람.

**難色**(난색) 승낙하거나 찬성하기 어렵다는 기세.

**南**
남녘 남

十/9

**南方**(남방) 남쪽, 또는 남쪽 지방.

**南向**(남향) 남쪽을 향함.

🔊 아이들이 선생님에게 거는 **期待**는 굉장했습니다.

🔊 이제 가면 언제 올지 **期約**이 없다.

🔊 그는 **機械**를 잘 다루는 숙련공이다.

🔊 기차의 **機關**에 이상이 생겨 잠시 동안 정차하겠사오니

양해하여 주시기 바랍니다.

🔊 어젯밤에 돼지가 집 안으로 들어오는 **吉夢**을 꾸었다.

🔊 오늘은 **吉日**이라서 그런지 예식장이 매우 붐볐다.

🔊 내전의 참화를 피해 수많은 **難民**이 피난길에 오르고 있다.

🔊 출판사 사장은 소설의 출판에 **難色**을 표했다.

🔊 적들이 뿔뿔이 헤어지면서 **南方** 바닷가의 요새 지대를

차지하게 되었다.

🔊 학교는 **南向**으로 지었다.

內
안 내

入/4
**內部**(내부) 사물의 안이나 속 부분.
**內外**(내외) 안과 바깥. 안팎.

年
해 년

干/6
**年度**(연도) (어떤 일이 일어난) 특정한 해.
**年俸**(연봉) 일 년 동안 받는 봉급.

努
힘쓸 노

力/7
**努力**(노력) 어떤 일을 이루기 위해 힘을 들이고 애를 쓰는 것.

農
농사 농

辰/13
**農夫**(농부) 농사를 짓는 사람.
**農業**(농업) 농작물을 심고 가꾸는 직업이나 산업.

多
많을 다

夕/6
**多少**(다소) (분량이나 정도의) 많음과 적음.
**多樣**(다양) (종류는 같으면서) 색깔, 모양, 내용 등이 서로 다른 것이
많음.

🔊 무덤 **內部**에는 벽화가 그려져 있다.

🔊 조선의 독립을 **內外**에 널리 선포하다.

🔊 생산량이 가장 많은 **年度**는 어느 해인가?

🔊 그의 **年俸**은 1억 원이 넘는다.

🔊 다음부터는 반 친구들과 다투지 않도록 **努力**하겠습니다.

🔊 **農夫**에겐 땅이 생명이다.

🔊 **農業** 기술의 혁신.

🔊 금액의 **多少**에 상관치 않으니 성의껏 도와주세요.

🔊 가구는 그 종류에 따라 배치하는 방법이 **多樣**하다.

**單** 홑 단

口/12

**單科**(단과) 하나의 과목이나 전문 분야.

**單語**(단어) 일정한 뜻과 기능을 가지고 있으면서 홀로 쓰일 수 있는 가장 작은 말의 단위.

**端** 끝 단, 실마리 단

立/14

**端緖**(단서) 어떤 사건을 해결하는 방향으로 이끌어 가는 데 도움이 되는 사실.

**端役**(단역) (연극이나 영화에서) 하찮은 역을 맡은 사람, 또는 그 역.

**壇** 단 단

土/16

**壇上**(단상) 연설 같은 것을 할 때 올라서는, 연단이나 교단 등의 위.

**敎壇**(교단) 교실에서 교사가 가르칠 때 올라서는 단.

**斷** 끊을 단

斤/18

**斷念**(단념) 품었던 희망이나 계획을 버리는 것.

**斷髮**(단발) 어깨를 덮지 않게 가지런히 자르는 것, 또는 그런 머리 모양.

**談** 말씀 담

言/15

**談笑**(담소) 여럿이 즐겁게 웃으며 이야기하는 것.

**談判**(담판) 맞선 관계에 있는 둘이 함께 논의하여 시비를 가리거나 결말을 짓는 것.

우리 대학은 올해부터 **單科** 대학별로 신입생을 따로 선발한다.

경찰은 아직 **端緖**조차 잡지 못했다.

가장 높이 평가받는 배우인 그에게도 **端役** 시절이 있었다.

**壇上**에서 연설을 하다.

제가 **校壇**에 선 지 올해로 꼭 8년째입니다.

쉽게 **斷念**하지 마.

선수들은 **斷髮**로 우승의 결의를 다졌다.

서희는 거란 장수와 **談判**을 지었다.

우리는 벤치에 앉아 **談笑**를 나누었다.

# 答
대답할 **답**

竹/12

**答辯**(답변) 요구나 물음에 대하여 설명을 곁들여 대답하는 말.
**答狀**(답장) 받은 편지에 답하여 보내는 편지.

# 當
마땅할 **당**, 당할 **당**

田/13

**當選**(당선) 선거나 심사에서 뽑히는 것.
**當然**(당연) (이치로 보아 그러한 것) 마땅함.

# 大
큰 **대**

大/3

**大賞**(대상) 여러 상 중에서 가장 큰 상.
**大小**(대소) 큰 것과 작은 것.

# 待
기다릴 **대**

彳/9

**待接**(대접) 일정한 태도나 방식으로 사람을 대하는 것.
**待避**(대피) 위험이나 피해를 임시로 피하는 것.

# 隊

떼 **대**

阜/12

**隊列**(대열) 사람이나 차 등의 줄을 지어 움직이는 무리, 또는 그런 줄.
**隊員**(대원) 부대, 등반대, 원정대와 같이 '대'로 끝나는 집단에
속한 사람.

🔊 어사도 사또의 答辯이 자못 기다려졌습니다.

🔊 答狀을 보내다.

🔊 이번 백일장에서 나는 장원으로 當選이 되었습니다.

🔊 자식이 부모에게 효도하는 것은 當然한 일이지.

🔊 그 가수는 가요제에서 영예의 大賞을 수상했다.

🔊 그는 마을 일의 大小를 가리지 않고 앞장섰다.

🔊 나는 일한 만큼 待接을 해 주는 일자리를 원한다.

🔊 비가 많이 오자 사람들은 높은 지대로 待避를 하였다.

🔊 隊列의 선두에 서다.

🔊 등반대 隊員.

## 德
큰 덕

彳/15

**德談**(덕담) (주로 새해를 맞아) 상대에게 운수가 좋고 모든 일이 잘 되기를 기원하는 말.

**道德**(도덕) 어떤 말이나 행동이 옳은 것이 되도록 한 사회에 속한 사람들이 마땅히 지켜야 할 정신적 기준.

## 度
법도 도, 헤아릴 **탁**

广/9

**法度**(법도) 지켜야 할 예절이나 행동의 방식.

**忖度**(촌탁) 남의 마음을 미루어서 헤아림.

## 徒
무리 도, 걸어 다닐 도

彳/10

**徒黨**(도당) 불순한 사람의 무리.

**徒步**(도보) 걷는 것.

## 盜
도적 도

皿/12

**盜賊**(도적) 남의 물건을 훔치는 짓을 하는 사람.

**盜聽**(도청) 장치를 이용하여 남의 전화 내용 등을 불법적으로 몰래 엿듣는 것.

## 道
길 도, 도리 도

辶/13

**道德**(도덕) 어떤 말이나 행동이 옳은 것이 되도록 한 사회에 속한 사람들이 마땅히 지켜야 할 정신적 기준.

**道路**(도로) 사람과 차가 다닐 수 있는 큰길.

설날에는 세배를 드리고 **德談**을 나눈다.

돈이면 **道德**도 양심도 다 내팽개친단 말이야?

숙녀를 기다리게 하는 것은 신사의 **法度**에 어긋난다.

임금의 마음을 **忖度**하다.

반역 **徒黨**.

우리 집은 지하철역에서 **徒步**로 5분 걸린다.

**盜賊**의 무리에게 재물을 빼앗기다.

전화 **盜聽**.

그는 **道德**에 어긋난 행동을 했다.

교통사고로 시내로 통하는 **道路**가 막혔다.

**圖**
그림 도

口/14
**圖面**(도면) 토목, 건축, 기계 같은 것의 구조나 설계 등을 그린 그림.
**圖案**(도안) 미술품, 공예품, 상품, 건축물 같은 것의 모양, 색채,
배치 등의 계획을 그림으로 나타낸 것.

**毒**
독 독

毋/9
**毒素**(독소) 독이 있는 요소나 물질.
**毒藥**(독약) 적은 양으로도 생명에 위험을 끼치는 독성이 있는 물질.

**獨**
홀로 독

犬/16
**獨立**(독립) 한 나라가 완전한 주권을 가지고 있는 것.
**獨裁**(독재) 개인이나 소수의 집단이 모든 정치권력을 마음대로
행사하는 것.

**冬**
겨울 동

氵/5
**冬眠**(동면) 생물이 겨울 동안 잠자는 것처럼 활동을 멈춘 상태. 겨울잠.
**冬至**(동지) 이십사절기 중의 하나로, 1년 중 밤이 가장 길고 낮이
가장 짧은 날. 12월 22일이나 23일.

**洞**
골 동, 통할 통

水/9
**洞窟**(동굴) 넓고 깊은 굴.
**洞燭**(통촉) 윗사람이 아랫사람의 사정이나 형편 따위를 깊이
헤아려 살핌.

圖面을 설계하다.

상표 圖案.

毒素를 제거하다.

술은 마시기에 따라서 보약이 될 수도 있고, 毒藥이 될 수도 있다.

나는 죽어서도 조국의 獨立을 위해 힘쓸 것입니다.

獨裁 정치.

겨울이 오면 곰은 冬眠에 들어간다.

冬至 전에 일 년 동안에 진 빚을 다 갚는 법이다.

곰은 洞窟 속에서 겨울잠을 잡니다.

분기를 억누를 수 없어 저지른 일이니 장군은 굽어 洞燭 해 주시오.

---

東
동녘 동

木/8
東洋(동양) 한국, 중국, 인도를 중심으로 한 아시아 지역.
東向(동향) 동쪽을 향함.

童
아이 동

立/12
童心(동심) 어린이의 순진한 마음 또는 어린이처럼 순진한 마음.
童顔(동안) 어른의 얼굴이지만 어린아이와 같이 어려 보이는 얼굴.

豆
콩 두

豆/7
豆腐(두부) 물에 불린 콩을 갈아 찌꺼기는 걸러 내고 익힌 다음
　　　　간수를 넣어 부드러운 흰 덩어리로 엉기게 한 음식.
豆油(두유) 불린 콩을 갈아서 물을 붓고 끓여 우유같이 만든 음식.

得
얻을 득

彳/11
得失(득실) 얻음과 잃음.
得票(득표) 투표에서 찬성의 표를 얻는 것, 또는 얻은 표의 수.

登
오를 등

癶/12
登校(등교) 학생이 정한 시간에 학교에 가는 것.
登山(등산) 재미나 운동으로 산에 올라가는 것.

---

◀» 집을 東向으로 짓다.

◀» 아이들과 뛰놀면서 할아버지는 모처럼 童心으로 돌아

갔습니다.

◀» 선생님은 童顏이시라 전혀 나이를 짐작할 수 없었다.

◀» 豆腐를 넣고 된장국을 끓였다.

◀» 승패가 같은 경우에는 골 得失 차로 본선 진출을 가린다.

◀» 과반수 得票.

◀» 우리 학교는 늦어도 8시 30분까지 登校해야 한다.

◀» 우리 가족은 주말에 관악산으로 登山을 갔다.

## 24일

---

**羅**
벌일 **라**, 비단 **라**

网/19

**羅紗**(나사) 두꺼운 모직물을 통틀어 이르는 말.
**羅列**(나열) 비슷한 것들을 차례대로 죽 벌여 늘어놓는 것.

**樂**
즐길 **락**, 풍류 **악**,
좋아할 **요**

木/15

**樂觀**(낙관) 앞날의 일이 잘될 것으로 믿는 것.
**音樂**(음악) 목소리나 악기의 소리로 듣기 좋은 소리를 만드는 예술.
**樂山樂水**(요산요수) 산을 좋아하고 물을 좋아함.

**亂**
어지러울 **란**

乙/13

**亂離**(난리) 전쟁이나 반란, 재해로 빚어진 어지러운 사태.
**叛亂**(반란) 정부에 반대하여 무력으로 대항하는 것.

**朗**
밝을 **랑**

月/11

**朗讀**(낭독) 소리를 크게 내어 글을 읽는 것.
**朗報**(낭보) 가쁜 소식.

**冷**
찰 **랭**

冫/7

**冷水**(냉수) 데우지 않은 찬 맹물.
**冷麵**(냉면) 삶은 국수를 찬 국물에 넣고 양념과 고명을 얹은 음식.

---

찰흙 작품을 큰 것부터 차례대로 羅列해 놓자.

선생님은 우리 팀이 우승하리라고 樂觀을 합니다.

그는 취미로 音樂을 한다.

樂山樂水.

亂離가 나자, 백성들은 산성으로 들어갔습니다.

叛亂이 일어나서 궁궐이 군사들로 포위되었다.

동시 朗讀을 듣고, 떠오르는 생각이나 느낌을 말하여

봅시다.

아버지가 의식을 찾으셨다는 朗報를 듣고 형제들은

바로 병원으로 달려갔다.

쉽게 돈 벌 생각 말고 冷水 먹고 속 차려라.

**兩**
두 량

入/8
兩家(양가) (어떠한 일을 함께하는) 양쪽 집안.
兩面(양면) 앞면과 뒷면.

**量**
헤아릴 **량**, 양 **량**

里/12
減量(감량) 양이나 수를 줄이는 것.
重量(중량) 물건의 무게.

**旅**
나그네 **려**, 여행할 **려**

方/10
旅客(여객) 주로 비행기, 배, 기차 등을 타고 여행을 하고 있는 사람.
旅行(여행) 집을 떠나 이곳저곳을 두루 구경하며 다니는 일.

**麗**
고울 **려**

鹿/19
高麗(고려) 918년에 왕건이 개성에 세운 나라.
秀麗(수려) (경치, 용모, 차림새 등이) 뛰어나게 아름다움.

**歷**
지날 **력**

止/16
歷史(역사) 나라나 민족이 과거에 겪은 변화나 발전을 적은 기록,
또는 그에 대한 학문.
歷任(역임) 여러 직위를 두루 거쳐 지냄.

兩家 부모님을 모시고 조촐히 약혼식을 치렀다.

동전의 兩面.

체중 減量.

重量이 4kg이다.

기차 안은 旅客들로 붐볐다.

수학 旅行.

高麗말의 사대부.

설악산의 秀麗한 경관.

우리나라의 歷史를 바로 알아야 한다.

그분은 장관, 국회의원 등을 歷任하였다.

**練**
익힐 련

糸/15
**練習**(연습) (예능, 기술 등을) 익숙해지도록 되풀이하여 익히는 것.
**練修**(연수) 인격, 기술, 학문 따위를 닦아서 단련함.

**烈**
매울 렬

火/10
**烈士**(열사) 어려움에 빠진 나라를 구하기 위해 목숨까지 바친 사람.
**烈女**(열녀) 절개를 굳게 지키어 다시 결혼하지 않은 과부.

**領**
거느릴 령

頁/14
**領有**(영유) 자기의 것으로 차지하여 가짐.
**領土**(영토) 한 나라의 통치권이 미치는 영역.

**禮**
예도 례

示/18
**禮物**(예물) (결혼식에서) 신랑과 신부가 주고받는 시계나 반지 등의 기념품.
**禮節**(예절) 사회생활에서 지켜야 하는 바르고 공손한 말씨와 몸가짐.

**勞**
일할 로

力/12
**勞苦**(노고) 중요한 일을 하느라고 힘들이고 애쓰는 것.
**勞使**(노사) 노동자와 사용자.

🔊 운전 練習.

🔊 10년 동안 한학의 練修에 정진하였다.

🔊 순국 烈士.

🔊 어린 그는 옛날 烈女의 본을 받아 정절은 지키리라

결심하였다.

🔊 이 섬의 領有를 위하여 여러 나라가 각축하고 있다.

🔊 독도는 우리 嶺土임에 틀림없다.

🔊 결혼 禮物.

🔊 禮節이 바르지 않은 사람은 아무리 공부를 잘해도

소용이 없다.

🔊 농악은 농민들의 勞苦를 잊게 한다.

🔊 勞使 관계.

**綠**
푸를 록

糸/14
**綠色**(녹색) 파랑과 노랑의 중간 색상.
**綠茶**(녹차) 차나무의 잎을 말려서 만든 푸른빛이 나는 차.

**論**
논할 론

言/15
**論理**(논리) 사물을 올바르게 따지고 판단하기 위해 따르는 이치.
**論說**(논설) 사회의 관심이 쏠리는 문제에 대하여 자기의 평가와
　　　　　주장을 논리적으로 적은 글.

**龍**
용 룡

龍/16
**龍宮**(용궁) (옛날이야기에서) 바닷속에 있다는 용왕의 궁전.
**龍顔**(용안) '임금의 얼굴'을 높여 이르는 말.

**流**
흐를 류

水/10
**流通**(유통) 상품이 생산자에서 상인을 거쳐 소비자에게로 옮겨 가는 것.
**流行**(유행) 어떤 시기에 사회의 일부나 전체에 두루 퍼지는 몸짓,
　　　　　옷차림, 문화 등에 대한 취미.

**類**
무리 류

頁/19
**類別**(유별) 종류에 따라 나누어 구별함.
**類推**(유추) 어떠한 알려진 사실과 비교하여 다른 모르는 사실을
　　　　　짐작하는 것.

아이는 綠色 물감으로 나뭇잎을 색칠하였다.

너의 글은 論理가 부족하구나.

그는 신문에 독립사상을 고취하는 論說을 실었다.

이 샘 줄기를 따라 내려가면 바다가 있고, 바닷속에는 龍宮이 있다.

신의 병이 깊어 금일 이후로 다시 龍顔을 뵐 수 없을 것입니다.

중국산 농산물이 시중에 많이 流通되고 있다.

올여름에는 줄무늬가 流行이라고 한다.

글을 읽고 다음에 일어날 사건을 類推해 보자.

28일

## 陸
뭍 륙

阜/11

**陸橋**(육교) 찻길이나 철도 위를 가로질러 사람들이 걸어서 건널 수 있도록 놓은 다리.

**陸地**(육지) 물에 잠기지 않은 땅.

## 律
법 률

彳/9

**律動**(율동) 가락에 맞추어 추는 춤.

**律法**(율법) (기독교에서) 하느님이 인간에게 지키도록 내린 법.

## 利
이로울 리

刀/7

**利權**(이권) 사회적인 신분이나 지위의 힘으로 얻게 되는 사적인 경제적 이익.

**利益**(이익) 정신적, 물질적으로 보탬이 되는 것.

## 理
다스릴 리

玉/11

**理論**(이론) 어떤 사실에 대한 이치에 들어맞는 설명.

**理致**(이치) 사실이나 사물을 바르게 이해하고 설명할 수 있게 하는, 근본적인 진리나 원칙.

## 林
수풀 림

木/8

**林野**(임야) 나무가 무성한 숲과 일구지 않은 벌판.

**森林**(삼림) 나무가 우거진 숲.

그는 **陸橋** 위에서 아래로 지나가는 차들을 바라보았다.

망망대해에 표류한 지 한 달 만에 드디어 **陸地**가 보였다.

우리는 선생님의 **律動**을 따라 했다.

하나님과 그 **律法**에 반항하는 것, 이것이 그 시대의 죄였다.

두 기업은 **利權**을 두고 심한 경쟁을 벌였다.

학교는 개인과 사회에 **利益**을 주는 곳이다.

과학 **理論**.

**理致**에 맞는 방법으로 어려운 일을 해결해야 한다.

우리 마을 전체 면적의 약 반이 **林野**이다.

**森林** 자원.

**馬**
말 마

馬/10
**馬脚**(마각) 말의 다리.
**馬具**(마구) 말을 타거나 부리는 데 쓰는 기구.

**滿**
찰 만

水/14
**滿期**(만기) 미리 정해 놓은 기한이 다 된 것.
**滿足**(만족) 마음에 흐뭇하고 좋은 느낌.

**亡**
망할 망, 죽을 망

亠/3
**亡靈**(망령) 죽은 사람의 영혼.
**亡命**(망명) 자기 나라에서 정치, 사상, 종교 등의 이유로 받는 탄압
　　　　　이나 위협을 피해 다른 나라로 가는 것.

**每**
매양 매

毋/7
**每番**(매번) 각각의 차례.
**每事**(매사) 모든 일, 모든 일에.

**買**
살 매

貝/12
**買氣**(매기) 상품을 사려는 분위기.
**買收**(매수) 돈이나 권력 등을 이용해 남을 꾀어 자기편으로 만드는 것.

**脈**
줄기 맥

肉/10
**脈絡**(맥락) 말, 글, 토론 등이 일정하게 이어지면서 이루는 내용의
　　　　　줄기나 흐름.
**脈搏**(맥박) 심장의 운동에 따라 일어나는 동맥의 주기적인 움직임.

내 힘으로 집 안 청소를 다 한 것에 **滿足**을 느꼈다.

억울하게 죽은 사람들의 **亡靈**을 위로하기 위한 제사가 있었다.

많은 독립운동가들이 중국으로 **亡命**을 했습니다.

영미는 학교에 갈 때, **每番** 우리 집에 들른다.

그는 **每事**에 빈틈이 없다.

추석 대목을 바라보고 물건을 많이 준비했지만, 경제난 때문인지 **買氣**가 거의 없다.

그까짓 것의 **買收**가 되어서 명예고 양심이고 헌신짝같이 버렸다.

괄호 속의 문장을 빼면, 글의 **脈絡**이 통하지 않는다.

자기 바로 전에 운동을 하면 **脈搏**이 빨라져 잠이 오지 않는다.

**낯 면**

面/9

**面談**(면담) (어떤 일에 대해 상의하거나 궁금한 것을 묻기 위해) 서로 만나 이야기하는 것.

**面刀**(면도) 얼굴의 잔털이나 수염을 깎는 일.

**목숨 명, 명령할 명**

口/8

**命令**(명령) 윗사람이 아랫사람에게 시키는 것, 또는 시키는 말.

**命脈**(명맥) 사라지거나 끊어지지 않고 이어지는 전통.

**울 명**

鳥/14

**共鳴**(공명) 한 물체가 외부의 음파에 자극을 받아 그와 같은 소리를 내는 것.

**耳鳴**(이명) 귀울림.

**어미 모**

母/5

**母國**(모국) (주로 외국에 나가 있는 사람이 이르는 말로) 자기가 태어난 나라.

**母子**(모자) 어머니와 아들.

**나무 목**

木/4

**木劍**(목검) 나무로 된 칼.

**木手**(목수) 나무를 다듬어 집을 짓거나 물건을 만드는 일을 직업으로 하는 사람.

76    초등 수(秀) 한자 1000 갑 편

담임 선생님의 부모님 面談이 시작되었다.

버릇처럼 왼손으로 面刀 자국이 거뭇한 턱끝을 만지작

거렸다.

군인은 상관의 命令에 복종하여야 한다.

조선 시대에 불교가 命脈을 유지한 것은 백성들의 신앙

덕이었다.

소리가 共鳴하다.

해외 동포의 母國 방문.

오랜만에 만난 母子는 밤 깊은 줄도 모르고 이야기를

나누었다.

솜씨 좋은 木手에게 옷장을 짜 달라고 했다.

**牧**
칠 목

牛/8
**牧童**(목동) 소, 양, 말 등의 풀을 먹는 가축을 돌보는 아이.
**牧場**(목장) 소, 말, 양 등을 놓아 기르는 넓은 곳.

**墓**
무덤 묘

土/14
**墓碑**(묘비) 죽은 사람의 이름, 태어난 곳, 죽은 날, 신분, 행적, 자손
　　　　의 이름 등을 새겨서 무덤 앞에 세우는 돌로 만든 비석.
**墓所**(묘소) 묘지. 무덤.

**務**
힘쓸 무

力/11
**勤務**(근무) 직장에서 자기가 맡은 일을 하는 것.
**義務**(의무) 마땅히 해야 할 일.

**舞**
춤출 무

舛/14
**舞臺**(무대) 연극, 무용, 음악 등을 공연하기 위하여 관람석 앞에
　　　　좀 높게 마련한 넓은 자리.
**舞踊**(무용) 주로 음악에 맞추어 여러 가지 율동과 몸짓으로
　　　　아름다움과 뜻을 표현하는 예술.

**門**
문 문

門/8
**門牌**(문패) 집주인의 이름, 주소 등을 적어서 출입문이나 또는 그
　　　　옆에 다는, 나무나 돌로 만든 패.
**門戶**(문호) 외부와의 교류를 하기 위한 통로나 수단.

🔊 **牧童**이 소를 몰고 오다.

🔊 파란 풀이 깔려 있는 **牧場**에 소들이 한가롭게 풀을

뜯고 있다.

🔊 **墓碑** 제막식.

🔊 양지바른 곳에 **墓所**를 잡다.

🔊 **勤務** 시간.

🔊 권리에는 **義務**가 따르듯이, 자유에는 책임이 뒤따른다.

🔊 조명이 밝아지자 **舞臺**에 서 있는 두 명의 배우가 보였다.

🔊 민속 **舞踊**.

🔊 우리 집 **門牌**에는 아버지와 어머니의 이름이 나란히

적혀 있다.

🔊 외국에 **門戶**를 개방하다.

**32일**

들을 문

耳/14
**見聞**(견문) 새로운 사실을 보고 들어서 얻은 지식.
**新聞**(신문) 세상의 새로운 소식을 알려 주는 정기 간행물.

아닐 미

木/5
**未來**(미래) 앞으로 올 때.
**未定**(미정) 아직 정하지 못한 것.

쌀 미

米/6
**米穀**(미곡) 쌀을 비롯한 갖가지 곡식.
**白米**(백미) 흰 멥쌀.

백성 민

氏/5
**民俗**(민속) 민간에서 오래전부터 전해져 내려오는 풍속이나 문화.
**民主**(민주) 민주주의.

소박할 박

木/6
**素朴**(소박) 꾸밈이 없고 수수하고 순수함.
**質朴**(질박) 꾸민 데가 없이 수수함.

나라 안을 여행하면 見聞도 넓히게 되고, 국토를 사랑하는 마음도 기르게 된다.

그는 요즘 新聞 한 장 읽을 시간이 없다.

어린이는 우리 未來의 꿈이다.

약속 시간과 장소는 아직 未定이야.

쌀은 米穀 창고에 넣어 두었다.

白米 삼백 석.

이번 공연에서는 현대 무용과 民俗 무용이 한데 어우러져 아름다운 조화를 이루어 내었다.

民主 시민.

조선백자는 서민적이며, 素朴하다.

뚝배기에는 세련되지는 않지만 質朴한 아름다움이 있다.

**博**
넓을 **박**

十/12
**博士**(박사) 널리 아는 것이 많거나 어떤 일에 능통한 사람.
**博識**(박식) 아는 것이 많음.

**半**
반 **반**

十/5
**半徑**(반경) '반지름'의 구 용어.
**半球**(반구) 구나 그 비슷한 모양의 절반.

**髮**
터럭 **발**

髟/15
**髮膚**(발부) 머리털과 피부를 아울러 이르는 말.
**假髮**(가발) 머리에 쓰거나 붙이는 가짜 머리.

**方**
모 **방**, 방법 **방**

方/4
**方今**(방금) 바로 방금 전에.
**方法**(방법) 무엇을 하기 위한 방식이나 수단.

**防**
막을 **방**

阜/7
**防空**(방공) 비행기가 공격하는 것을 막는 것.
**防犯**(방범) 범죄가 일어나지 않도록 미리 살피고 막는 것.

영희는 노는 덴 博士야.

미진 씨는 博識하면서도 겸손하였다.

그 호수는 半徑이 5km가 넘는다.

공사 현장에는 半球 모양의 헬멧을 쓴 인부들이 가득했다.

그는 대머리가 된 후 종종 假髮을 쓴다.

方今 뭐라고 하셨지요?

목욕은 피로 해소를 위한 좋은 휴식 方法입니다.

防空 체제가 허술하다.

이 동네는 防犯에 특히 신경을 써야 한다.

## 放
놓을 방

支/8
放浪(방랑) 뚜렷한 목적이 없이 이곳저곳을 떠돌아다니는 것.
放送(방송) 라디오나 텔레비전처럼 전파를 통해 소리나 그림을 대중에게 전달하는 것.

## 背
등 배

肉/9
背景(배경) 뒤에 있는 경치나 환경.
背囊(배낭) 물건을 넣어 등에 질 수 있도록 멜빵이 있고, 천이나 가죽으로 만든 주머니.

## 倍
곱 배

人/10
倍加(배가) 갑절 또는 몇 배로 늘어남. 또는 그렇게 늘림.
倍率(배율) 렌즈, 현미경, 망원경을 통하여 보이는 꼴과 그냥 보이는 꼴과의 크기의 비율.

## 白
흰 백

白/5
白米(백미) 흰 멥쌀.
白眉(백미) 흰색 눈썹. 여럿 가운데서 가장 뛰어난 것, 또는 그런 사람.

## 番
차례 번

田/12
番地(번지) 관리의 편의를 위해 토지를 여러 쪽으로 나누고 각각에 붙인 번호.
番號(번호) 차례를 나타내는 숫자.

◀)) 김삿갓은 전국 방방곡곡을 **放浪**하였다.

◀)) 그 사건의 전말이 고스란히 **放送**되었다.

◀)) 푸른 산을 **背景**으로 하고 있는 우리 마을은 그림처럼

아름다웠습니다.

◀)) 등산용 **背囊**.

◀)) 신문 구독자 **倍加**를 위하여 각 신문사마다 다양한 서비스

경쟁을 벌이고 있다.

◀)) **倍率**이 낮은 현미경.

◀)) 진도 아리랑은 아리랑의 **白眉**라 할 만하다.

◀)) 이 편지에는 받는 사람의 **番地**가 적혀 있지 않습니다.

◀)) 여섯 개의 시험관에 1번부터 6번까지 **番號**를 매겼다.

## 罰
벌줄 벌

网/14

**罰金**(벌금) (법이나 약속을 어긴 데에 대한) 벌로 내게 하는 돈.

**罰點**(벌점) (벌을 주거나 책임을 묻기 위하여) 잘못한 횟수나 정도를
점수로 계산한 것.

## 範
법 범

竹/15

**範圍**(범위) 어떤 활동이나 상태가 미치거나 벌어질 수 있는 정해진
시간, 공간 또는 한계.

**模範**(모범) 남이 본받고 따라 배울 만한 행동, 또는 그런 행동을
하는 사람.

## 壁
벽 벽

土/16

**壁報**(벽보) 여러 사람에게 알리려고 종이에 써서 벽이나 게시판
등에 붙인 글.

**壁紙**(벽지) 방의 벽과 천장에 바르는 종이.

## 邊
가 변

辶/19

**邊境**(변경) 나라의 경계가 되는 변두리의 땅.

**邊方**(변방) 서울에서 멀리 떨어지거나 국경에 가까운 지역.

## 別
다를 별

刀/7

**別居**(별거) 부부나 한 가족이 서로 따로 떨어져서 사는 것.

**別名**(별명) 본디 이름이 아니고 그 특징을 나타내도록 남들이 지어
부르는 다른 이름.

◀)) 모임에 늦게 온 사람은 앞으로 罰金을 물어야 한다.

◀)) 그는 罰點이 초과되어 운전면허를 취소당했다.

◀)) 시험 範圍.

◀)) 타의 模範이 되다.

◀)) 직원을 모집한다는 壁報가 회사 게시판에 붙어 있다.

◀)) 새 壁紙로 도배하다.

◀)) 주소 邊境.

◀)) 邊境의 방어가 허술하다.

◀)) 부인과의 別居를 선언하다.

◀)) 김 선생님은 엄하고 무서워서 '호랑이 선생님'이라는 別名을
가지고 있다.

**兵**
군사 **병**

八/7

**兵力**(병력) 군대의 힘, 또는 군인의 수.

**兵士**(병사) 부대를 이루고 있는 보통 군인.

**保**
지킬 **보**

人/9

**保全**(보전) 온전하게 잘 지키고 유지하는 것.

**保存**(보존) 중요하거나 가치가 있는 것을 잘 보살펴서 그대로 남아 있게 하는 것.

**報**
갚을 **보**, 알릴 **보**

土/12

**報告**(보고) 연구하거나 조사한 것의 내용이나 결과를 그나 말로 정식으로 알리는 깃.

**報恩**(보은) 은혜를 갚는 것.

**伏**
엎드릴 **복**, 숨을 **복**

人/6

**伏兵**(복병) 숨어 있다가 갑자기 적을 치는 군사.

**伏線**(복선) 만일의 경우를 위해 겉으로 드러낸 것과는 다르게 상대방 몰래 마련해 둔 계획.

**複**
겹칠 **복**

衣/14

**複寫**(복사) 사진이나 문서를 모양이 똑같게 베끼거나 그리거나 인쇄하는 것.

**複數**(복수) 둘 이상의 수.

# 읽기 연습 36

◀ 이 전투에서 적은 막대한 兵力과 장비를 잃었습니다.

◀ 중사는 쉬고 있던 兵士들을 연병장으로 소집했다.

◀ 수려한 자연환경도 保全하려는 노력이 없으면 곧 황폐해진다.

◀ 환경 保存.

◀ 반장은 결석생 수를 선생님께 報告하였다.

◀ 부모는 報恩을 바라고 자식을 기르지는 않는다.

◀ 계곡에 매복해 있던 伏兵들이 일제히 공격하였다.

◀ 세종대왕이 온 국력을 기울여서 육진을 개척하며, 야인 토벌에 주력한 것도 이 고구려 구역의 회복을 도모하는 伏線이었다.

◀ 이것 두 장만 複寫해 주세요.

◀ 입후보자가 複數로 출마하였다.

**月/8**

服飾(복식) 옷의 차림새.

服裝(복장) 옷차림. 입고 있는 옷.

**大/8**

奉仕(봉사) 자기의 이익을 생각하지 않고 남을 위하여 일하는 것.

奉養(봉양) 부모나 조부모를 모시고 같이 사는 것.

**女/11**

婦人(부인) 결혼한 여자.

姑婦(고부) 시어머니와 며느리.

**广/8**

府君(부군) 죽은 아버지나 남자 조상을 높여 이르는 말.

政府(정부) 한 나라의 최고 통치권을 가지고 있는 조직.

**貝/9**

負擔(부담) 어떤 일, 의무, 책임 등을 떠맡는 것.

勝負(승부) 운동 경기, 싸움, 내기, 일 등에서 이기는 것과 지는 것.

◀) 아버지께서는 토요일은 가벼운 服裝으로 출근하신다.

◀) 반에서 단체로 奉仕 활동을 하러 갔다.

◀) 심청이는 눈먼 아버지를 극진하게 奉養했다.

◀) 얼마쯤 가다가 아기를 업은 婦人을 만났다.

◀) 姑婦 간의 갈등.

◀) 政府에서 농어촌 발전 방안을 마련했다.

◀) 사회 복지 예산이 늘면서 국민들의 조세 負擔도 커졌다.

◀) 경기에서 가장 중요한 것은 깨끗한 勝負이다.

**副**
버금 **부**

刀/11
**副詞**(부사) (문법에서) 동사나 형용사를 꾸미는 말.
**副食**(부식) 주식에 곁들여 먹는 음식.

**北**
북녘 **북**, 달아날 **배**

ヒ/5
**北方**(북방) 북쪽, 또는 북쪽 지방.
**敗北**(패배) 싸움이나 경쟁에서 지는 것.

**粉**
가루 **분**

米/10
**粉末**(분말) 가루.
**粉食**(분식) 밀가루로 만든 음식.

**不**
아닐 **불**, **부**

一/4
**不潔**(불결) 깨끗하지 않음.
**不定**(부정) 긍정하지 않는 것.

**比**
견줄 **비**

比/4
**比較**(비교) (차이를 알아내려고) 여럿을 서로 견주어 보는 것.
**比例**(비례) 어떤 수나 양의 변화에 따라 다른 수나 양도 일정하게
　　　　변하는 것.

◁» 학교 식당에서 **副食**으로 튀김이 나왔다.

◁» 아군은 **北方**으로 진격하여 올라갔다.

◁» 한국 팀은 결승에서 아깝게 **敗北**했다.

◁» 감자 **粉末**.

◁» 점심은 간단하게 **粉食**으로 먹자.

◁» 집 안이 **不潔**하면 바퀴벌레가 생긴다.

◁» 지구가 둥글다는 사실을 **不定**하는 사람은 없다.

◁» 왜군은 아군에 **比較**가 되지 않게 많았다.

◁» 국회의원 선거구는 인구 **比例**로만 정해지지는 않는다.

**秘**
숨길 비

示/10

**祕訣**(비결) 세상에 알려지지 않은 자기만 아는 방법.

**祕密**(비밀) 남이 모르거나 알 수 없는 일.

**悲**
슬플 비

心/12

**悲觀**(비관) 일이 뜻대로 되지 않아 슬퍼하거나 실망하는 태도.

**悲劇**(비극) 슬프면서 뜻이 깊은 내용을 다룬 극.

**費**
쓸 비

貝/12

**費用**(비용) 어떤 일을 하는 데 드는 돈.

**經費**(경비) 어떠한 일을 하는 데 드는 비용.

**備**
갖 비

人/12

**備蓄**(비축) 필요할 때에 쓰려고 미리 모아 두는 것.

**備品**(비품) 업무에 필요하여 늘 갖추어 두는 물건.

**貧**
가난할 빈

貝/11

**貧困**(빈곤) 생활이 매우 어려움.

**貧富**(빈부) 가난한 것과 넉넉한 것.

- ◁ 노래 잘하는 祕訣을 가르쳐 주세요.

- ◁ 재윤이는 자기의 祕密을 친구에게 털어놓았다.

- ◁ 형은 시험에 떨어지고 나서 悲觀에 빠져 있다.

- ◁ 『햄릿』은 셰익스피어가 쓴 대표적인 悲劇이다.

- ◁ 큰 나무를 산에 직접 심으려면 費用이 많이 들고 옮기기도

  어렵다.

- ◁ 집을 줄이면 관리하는 經費가 줄어든다.

- ◁ 석유 備蓄.

- ◁ 학급 備品을 아껴 씁시다.

- ◁ 아직도 기아와 貧困으로 고통받는 어린이들이 많이 있다.

- ◁ 우리 사회는 貧富의 격차가 더욱 심해져 가고 있다.

선비 사, 군사 사

士/3

**士林**(사림) (벼슬을 하지 않은) 유학을 공부하는 선비들.

**軍士**(군사) 군대를 이루고 있는 보통 군인.

넉 사

口/5

**四季**(사계) 봄, 여름, 가을, 겨울의 네 철.

**四書**(사서) 유교의 기본 사상이 담긴 책. 논어, 맹자, 중용, 대학.

하여금 사, 부릴 사

人/8

**使臣**(사신) (옛날에) 임금이나 나라의 명령을 받고 다른 나라에 파견되는 신하.

**使用**(사용) 물건을 필요한 일에 쓰는 것.

절 사

寸/6

**寺院**(사원) 종교의 교당을 통틀어 이르는 말.

**寺刹**(사찰) 승려가 불상을 모시고 불도를 닦으며 교법을 펴는 집.

실 사

糸/12

**生絲**(생사) 삶아서 익히지 아니한 명주실.

**鐵絲**(철사) 쇠로 만든 가늘고 긴 줄.

신진 史林.

軍士의 사기를 북돋우다.

우리나라는 四季의 변화가 뚜렷하다.

조선시대에는 四書가 과거시험의 기본 과목이었다.

명나라에 使臣으로 가다.

농약 使用의 증가로 환경 오염이 심해졌다.

寺院에서 기도하다.

휴가 때 전국의 유명 寺刹을 돌 계획이다.

生絲로 짠 갑사.

그는 鐵絲 그물을 절단기로 자르기 시작하였다.

**舍**
집 사

舌/8
**舍監**(사감) 기숙사에서 생활하는 사람들의 생활을 감독하는 사람.
**舍宅**(사택) 관청이나 회사 등에서 살림집으로 빌려준 집.

**查**
조사할 사

木/9
**查閱**(사열) 조사하거나 검열하기 위하여 하나씩 쭉 살펴봄.
**調查**(조사) 어떤 일이나 사실을 명확하게 알기 위하여 자세히 살펴
보거나 밝힘.

**射**
쏠 사

寸/10
**射擊**(사격) 총, 대포, 활 등을 쏘는 것.
**射手**(사수) 총, 대포, 활 등을 쏘는 사람.

**師**
스승 사

巾/10
**師道**(사도) 스승으로서의 도리.
**師範**(사범) 학술, 무술, 기예 등을 가르치는 사람.

**辭**
말씀 사

辛/19
**辭說**(사설) 늘어놓는 말이나 이야기.
**辭典**(사전) 낱말들을 일정한 차례에 따라 싣고 그 뜻을 풀이한 책.

🔊 그 학교의 기숙사 **舍監**은 엄격하기로 소문이 났다.

🔊 공공 기관 **舍宅**.

🔊 십만 대군이 운집해서 총지휘과의 **査閱**을 받았다.

🔊 호각 소리가 들리면서 적의 **射擊**이 멎었다.

🔊 **射手**는 기다란 구멍 쑤시개를 쳐들어 서너 번 쑤셔 닦은

후 포탄을 집어넣었다.

🔊 태권도 **師範**.

🔊 긴 **辭說**은 그만하고 어서 밥이나 잡수시오.

🔊 독일어 **辭典**.

# 産

낳을 산

**生/11**

**産業**(산업) 농업, 공업, 임업, 수산업, 광업처럼 자연에서 자원을 얻
거나 이를 이용하여 생활에 필요한 물자를 만드는 일.

**産地**(산지) 어떤 작물을 생산하는 지역.

# 算

셈할 산

**竹/14**

**算數**(산수) 더하기, 빼기, 곱하기, 나누기 등을 다루는 초보적인 수학.

**算術**(산술) 일상생활에서 응용할 수 있는 수의 초보적인 계산법.

# 三

석 삼

**丶/3**

**三伏**(삼복) 여름철의 가장 더운 때인 초복, 중복, 말복.

**三寸**(삼촌) 아버지의 결혼하지 않은 남자 형제.

# 商

장사 상

**口/11**

**商業**(상업) 상품을 팔아 이익을 얻는 것을 목적으로 하는 사회 활동.

**商品**(상품) 만들거나 다른 곳에서 사다가 파는 물건.

# 賞

상 줄 상

**貝/15**

**賞金**(상금) 상으로 주는 돈.

**賞罰**(상벌) 상과 벌.

🔊 새로운 産業에 종사하다.

🔊 그는 算數에 능하여 복잡한 계산도 금방 해낸다.

🔊 그곳은 내륙의 산으로 둘러싸인 감 産地로 유명한 고장이다.

🔊 算術에 밝다.

🔊 三伏이 다 지나갔는데도 더위가 여전하다.

🔊 나에게는 三寸이 두 분 계신다.

🔊 아버지는 商業에 종사하십니다.

🔊 요즘엔 김치도 商品으로 만들어진다.

🔊 賞金을 타다.

🔊 賞罰을 내리다.

**想**
생각 상

心/13
**想起**(상기) 지난 일이 생각나는 것.
**想念**(상념) 마음속에 떠오르는 여러 생각.

**傷**
다칠 상

人/13
**傷處**(상처) 몸을 다쳐서 상한 자리.
**傷害**(상해) 몸에 싱처나 해를 입거나 입히는 것.

生
날 생

生/5
**生命**(생명) 생물이 살아 있게 하는 근본적인 기능과 힘.
**生産**(생산) 경제적으로나 예술적으로 가치가 있는 일이나 사물을
생기게 하거나 만들어 내는 것.

序
차례 서, 실마리 서

广/7
**序頭**(서두) 어떤 긴말의 첫머리.
**序列**(서열) 가치나 지위의 높고 낮음에 따른 차례.

夕
저녁 석

夕/3
**夕刊**(석간) 일간 신문 가운데서 저녁에 발행되는 신문.
**夕陽**(석양) 저녁 해, 또는 그 햇볕.

🔊 그는 의자에 앉아 한동안 **想念**에 잠겨 있었다.

🔊 동생의 **傷處**에 약을 발라 주었다.

🔊 **傷處**에 약을 바르고 붕대를 감았다.

🔊 형은 계단에서 굴러 전치 2주의 **傷害**를 입었다.

🔊 그 호수에서는 **生命**이 있는 것은 아무것도 살지 못합니다.

🔊 농토를 확장하여 식량 **生產**을 늘리는 데 힘쓰고 있다.

🔊 무슨 말을 하려는데 그렇게 **序頭**가 길어?

🔊 군대는 계급에 따라 **序列**이 정해진다.

🔊 **夕刊** 신문.

🔊 **夕陽**아 하늘을 온통 붉게 물들이고 있었다.

# 席
자리 석

巾/10

**席卷**(석권) 크게 세력을 떨침. 일정한 영역을 모두 차지하는 것.
**席次**(석차) 성적에 따른 등수.

# 先
먼저 선

儿/6

**先例**(선례) 어떤 일을 하는 데 있어서 본보기나 참고가 될 만한
　　　　　　이전의 예.
**先生**(선생) 가르치는 직업을 가진 사람.

# 船
배 선

舟/11

**船員**(선원) (여럿이 함께 타고 먼 길을 오가는) 큰 배의 일꾼.
**船長**(선장) 배에 단 선원들의 우두머리로서, 항해를 지휘히는 사람.

# 線
줄 선

糸/15

**線路**(선로) 기차나 전차 등이 다니도록 깐 철길.
**線上**(선상) 선의 위라는 뜻으로, 어떤 상태에 있음을 이르는 말.

# 鮮
고울 선

魚/17

**鮮明**(선명) 뚜렷하고 분명함.
**鮮血**(선혈) 갓 흘러나온 붉은 피.

칭기즈 칸은 중원 대륙을 **席卷**하여 원나라를 세웠다.

준혁이는 이번 시험에서 전교 **席次**가 많이 올랐다.

여학생이 개인 달리기에서 우승한 것은 **先例**가 없었던 일이다.

삼돌이 누나가 초등학교 **先生**이 되었다.

태풍으로 우리 배에 타고 있던 **船員** 두 명이 실종되었다.

우리 배의 **船長**은 배를 탄 지가 30년 가까이 되는 전문가이다.

인생에 다소간의 변화는 있어도 이때까진 같은 **線上**에 있었다.

너를 보니, 4학년 때의 기억이 **鮮明**하다.

그 범죄 현장에는 **鮮血**이 낭자하였다.

**雪** 눈 설

雨/11

**雪景**(설경) 눈이 내리거나 눈이 쌓인 경치.

**雪花**(설화) 굵게 엉기어 꽃송이처럼 내리는 눈.

**說** 말씀 설, 달랠 세

言/14

**說敎**(설교) 남을 도덕적으로 타이르고 가르치는 것.

**遊說**(유세) 선거를 앞두고 후보들이 여러 곳을 다니면서 정견, 공약, 주장 등을 설명하고 선전하는 일.

**城** 성 성

土/10

**城郭**(성곽) 적의 공격으로부터 보호하기 위하여 그 둘레에 쌓은 성.

**城門**(성문) 성에 드나드는 문.

**誠** 정성 성

言/14

**誠實**(성실) (태도나 말과 행동이) 정성스럽고 참됨.

**精誠**(정성) 어떤 사람이나 일을 위하여 온 마음과 정신을 쏟는 것.

**姓** 성씨 성

女/8

**姓名**(성명) 성과 이름.

**姓氏**(성씨) '성'의 높임말.

천지를 뒤덮은 새하얀 雪景이 보면 볼수록 아름답다.

나무에 雪花가 내려앉았다.

교장 선생님께서는 조회 때마다 긴 說敎를 하신다.

선거 遊說.

城郭을 쌓다.

城門에는 엄청나게 큰 쇠통이 달려 있었다.

근면 誠實.

精誠껏 상을 차렸다.

姓名을 부르다.

우리나라의 姓氏 중에서는 김씨와 이씨가 가장 많다.

省
살필 성, 덜 생

目/9

**省墓**(성묘) 조상의 산소에 가서 인사를 드리고 산소를 보살피는 것.

**省略**(생략) 말이나 글 또는 어떤 일의 한 부분을 줄이거나 빼 짧게 만드는 것.

聲
소리 성

耳/17

**聲帶**(성대) 사람과 짐승의 목구멍에 있는, 내쉬는 숨의 힘으로 울려 소리를 내는 기관.

**聲樂**(성악) (독창, 합창처럼) 사람의 목소리로 하는 음악.

世
인간 세, 대 세

一/5

**世代**(세대) 같은 시대에 살아서 나이도 서로 비슷하고 생각도 서로 비슷한 그 사람들.

**世上**(세상) 모든 사람과 사물이 있는 지구.

稅
세금 세

禾/12

**稅金**(세금) 나라의 온갖 일을 하는 데 드는 비용을 마련하기 위해 국민이나 단체들이 그들의 소득의 일부를 의무적으로 나라에 내는 돈.

**稅率**(세율) 과세 법규에 의하여 세금을 계산하여 매기는 법정률.

歲
해 세

止/13

**歲拜**(세배) 설에 어른에게 드리는 큰절.

**歲月**(세월) 흘러가는 시간.

🔊 아침 일찍 할아버지 산소에 **省墓**를 하러 집을 떠났다.

🔊 국민의례와 애국가는 **省略**하겠습니다.

🔊 **聲樂**을 전공하다.

🔊 아버지 **世代**는 젊은 **世代**보다 마음의 여유가 있다.

🔊 하늘에서 보기에 **世上**은 참으로 아름다웠습니다.

🔊 **稅金** 면제 혜택.

🔊 소득세는 소득액이 클수록 높은 **稅率**이 적용된다.

🔊 할아버지께 **歲拜**를 드리다.

🔊 오랜 **歲月**이 지나도록 소년은 돌아오지 않았습니다.

## 少
적을 소

小/4

少量(소량) 적은 분량.

少額(소액) 적은 금액. 적은 액수.

## 素
본디 소, 흴 소

糸/10

素服(소복) 하얀 상복을 입는 것, 또는 하얀색의 상복.

素材(소재) 작품을 만들기 위하여 다루는 사실이나 사물.

## 消
사라질 소

水/10

消滅(소멸) 점점 줄어들어 없어지는 것.

消耗(소모) 써서 없어지는 것.

## 束
묶을 속

木/7

束縛(속박) 자유롭지 못하게 얽어매거나 제한하는 것.

結束(결속) 여러 사람이 한 목적을 위하여 하나로 뭉치는 것.

## 俗
풍속 속

人/9

俗談(속담) 옛날부터 사람들 사이에서 얘기되는, 교훈이나 풍자가 담긴 짧은 말.

俗世(속세) 일상적인 현실의 세상.

위염은 음식을 **少量**으로 자주 먹어야 치료할 수 있다.

**少額** 수표.

**素服**을 입은 처녀.

전통문화를 **素材**로 한 올림픽 포스터.

문화는 **消滅**과 재생의 길을 밟으며 변천한다.

수영은 온몸을 사용하므로 에너지 **消耗**가 많다.

부모님의 관심을 **束縛**으로 여기다.

우리 고장에도 고향의 지식인들이 **結束**해서 중학교를 세웠다.

세 살 적 버릇이 여든까지 간다는 **俗談**은 결코 헛말이 아니다.

아름다운 경치에 **俗世**를 잊었다.

**續**
이을 속

糸/21

**續刊**(속간) 간행을 중단하였던 신문이나 잡지 따위를 다시 계속하여 간행함.

**續開**(속개) 잠시 멈추었던 회의 등을 다시 계속하는 것.

**損**
덜 손

手/13

**損失**(손실) 줄어들거나 잃어버려서 손해를 보는 것.

**損害**(손해) (경제 활동에서) 돈이나 재산을 잃거나 해를 입는 것.

**頌**
기릴 송

頁/13

**頌歌**(송가) 공덕을 기리는 노래.

**頌祝**(송축) 경사를 기리고 축하함.

**水**
물 수

水/4

**水素**(수소) 빛, 냄새, 맛이 없으며, 불이 아주 잘 붙는, 가장 가벼운 기체 원소.

**水泳**(수영) 일정한 방법에 따라 헤엄치는 것.

**收**
거둘 수

攴/6

**收金**(수금) (꾸어 준 돈이나 세금처럼) 받아야 할 돈을 직접 찾아다니면서 받는 것.

**收入**(수입) 어떤 일을 함으로써 벌어들이는 돈이나 물건.

그 잡지는 지난봄 간행이 중단된 채 **續刊**되지 않고 있다.

회의가 다시 **續開**되었다.

전쟁은 인명과 재산에 큰 **損失**을 가져온다.

아주머니는 값을 깎아 주면 **損害**라고 하셨다.

환희의 **頌歌**.

악장은 신왕조에 대한 찬양과 **頌祝**의 필요에 따라 나타난 양식이다.

물은 **水素**와 산소로 이루어져 있다.

나는 요즘 **水泳**을 배우기 위해 수영장을 다닌다.

어머니가 보험 **收金**을 다니느라 집에 늦게 들어오셨다.

이 가게는 아침저녁으로 손님이 많아 **收入**이 좋은 편이다.

## 秀
빼어날 수

禾/7

**秀麗**(수려) (경치, 용모, 차림새 등이) 뛰어나게 아름다움.
**秀才**(수재) 머리가 아주 좋고 재주가 특히 뛰어난 사람.

## 授
줄 수

手/11

**授賞**(수상) 상을 줌.
**授與**(수여) (공식적인 절차에 따라) 증서, 상장, 훈장 등을 주는 것.

## 修
닦을 수

人/10

**修養**(수양) 몸과 마음을 단련하여 좋은 마음과 태도 등을 기르는 것.
**修行**(수행) 행실, 학문, 기예 따위를 닦음.

## 樹
나무 수

木/16

**樹林**(수림) 나무가 우거진 숲.
**樹種**(수종) 나무의 종류나 종자.

## 宿
잘 숙, 별자리 수

宀/11

**宿泊**(숙박) 자기 집을 떠난 사람이 여관, 호텔 같은 곳에서 잠을
자고 머무르는 것.
**星宿**(성수) 이십팔수의 스물다섯째 별자리.

설악산의 **秀麗**한 경관.

그는 고학으로 대학을 수석 졸업한 가난한 **秀才**이다.

사장은 대표로서 모범이 되는 직원에게 직접 상을 **授賞**하였다.

훈장 **授與**.

화랑도는 청소년들이 모여 **修養**을 쌓는 모임이었다.

그는 오랜 **修行** 끝에 득음의 경지에 이르렀다.

거기는 지금도 아름드리 소나무가 꽉 들어서서 **樹林**이 무성하였다.

한국 고유의 **樹種**.

먼 곳을 가야 하는 관리들이 말과 마부를 이용하고, 또 **宿泊**도 하는 곳이 역이다.

**純**
순수할 순

糸/10

**純潔**(순결) (몸과 마음이) 순수하고 깨끗함.

**純粹**(순수) 다른 것이 조금도 섞이지 않은 것.

**術**
꾀 술

行/11

**術數**(술수) 어떤 나쁜 일을 꾸미는 꾀.

**術策**(술책) 남을 속이기 위하여 어떤 일을 꾸미는 꾀나 방법.

**習**
익힐 습

羽/11

**習得**(습득) 학문이나 기술을 배워서 읽히는 것.

**習作**(습작) 음악, 미술, 문예 등에서 연습으로 작품을 만드는 것, 또는 그런 작품.

**勝**
이길 승

力/12

**勝利**(승리) 전쟁, 경기 등에서 겨루어 이기는 것.

**勝負**(승부) 운동 경기, 싸움, 내기, 일 등에서 이기는 것과 지는 것.

**視**
볼 시

見/12

**視覺**(시각) 물체의 모양이나 움직임이나 빛깔 등을 알아보는 눈의 감각.

**視力**(시력) 눈으로 볼 수 있는 능력.

純潔한 마음.

그는 純粹한 우리말을 찾아내 시를 썼다.

내가 너의 術數에 넘어갈 줄 아니?

간사한 術策으로 사람들을 속였다.

언어 習得.

아버지는 習作들을 모아 한 권의 책으로 엮으셨다.

운동회는 백군의 勝利로 끝이 났다.

경기에서 가장 중요한 것은 깨끗한 勝負이다.

視覺이 회복된 그의 눈앞에는 몇 그루의 높은 소나무가

서 있었다.

나는 視力이 좌우 모두 1.2이다.